AF232928

LA

QUESTION DU TONNAGE

LE CANAL DES DEUX-MERS

ET

LES ACTIONNAIRES DE SUEZ

3661 PARIS. — TYPOGRAPHIE A. POUGIN. 13, QUAI VOLTAIRE.

LA
QUESTION DU TONNAGE

LE CANAL DES DEUX-MERS

ET

LES ACTIONNAIRES DE SUEZ

PAR

E. DAUPRAT

L'UN DES DÉLÉGUÉS DE L'UNION DES ACTIONNAIRES DE SUEZ.

PARIS

E. LACHAUD, LIBRAIRE-ÉDITEUR

4, PLACE DU THÉATRE-FRANÇAIS, 4.

—

1872

LA
QUESTION DU TONNAGE

LE CANAL DES DEUX-MERS

ET

LES ACTIONNAIRES DE SUEZ

La question du tonnage agite encore tous les actionnaires de Suez. On l'a appelée *Question de vie ou de mort*.

Résolue suivant l'équitable tarif du 4 mars, c'est la vie, non sans luttes, mais la vie, puis l'essor.

Soumise à la moins dangereuse des expériences du *mètre cube*, c'est le ralentissement immédiat des recettes, la syncope, l'inconnu.

Il importe donc de bien expliquer cette question capitale, d'en mettre du moins en lumière les points essentiels. On doit y arriver sans les grands mots techniques, presque sans chiffres.

Nous allons tenter de le faire.

Si nous y parvenons, beaucoup d'actionnaires, trompés par des exposés perfides, séduits par des promesses irréalisables, qui commencent déjà à s'évanouir, ouvriront les yeux. Ils comprendront que ce qu'ils ont cru pouvoir blâmer en toute sincérité n'était que sagesse et expérience, tandis qu'il n'y avait que parti pris dans cette trop fameuse *théorie du mètre cube*, uniquement imaginée pour séduire les actionnaires étrangers aux questions maritimes.

I

TONNAGE

On entend par *tonnage*, ainsi que le mot lui-même l'indique, la capacité d'un navire en *tonneaux*.

Notre acte de concession dit, à ce propos :

« Art. 17. Pour indemniser la Compagnie des dépenses « de construction..., nous l'autorisons... à établir et à per- « cevoir... des droits de navigation... sous la condition « expresse. . . . .

. . . .

« 3° De ne pas excéder, pour le droit spécial de naviga- « tion, le chiffre maximum de 10 francs par *tonneau de ca-* « *pacité.* »

Ces deux mots, *capacité* et *tonneau*, forment le nœud de la question du tonnage.

II

CAPACITÉ

La *capacité* d'un navire est le maximum du nombre de *tonneaux de mer* qu'il peut *porter en restant navigable.*

Pour donner à cette définition toute son évidence, nous supposerons un même navire de 1,000 tonneaux successivement dans trois situations différentes :

1° En mer, et par conséquent disposé de façon à pouvoir lutter contre les accidents de la navigation ;

2° Dans un bassin toujours calme et inaccessible aux vents;

3° Mis à terre, dans une forme dont il remplirait exactement tous les contours, et qui elle-même le soutiendrait de toutes parts, absolument comme un vase de fleurs dans une plate-bande.

Dans le premier cas, le navire, rempli de 1,000 tonneaux de charbon par exemple, contiendrait le maximum de tonneaux qu'il peut *convenablement* porter ; il serait immergé *jusqu'à la ligne de flottaison*. Passant par notre canal, il payerait 10,000 francs et ne devrait pas davantage.

Dans le second cas, si l'on donne à ce navire de 1,000 tonneaux 2,500 tonneaux de plomb, la moitié de la cale ne serait pas remplie qu'il enfoncerait presque au niveau de l'eau. Qu'on le remorque à la mer en cet état, la première lame l'engloutira, parce qu'il sera chargé *bien au-delà de toutes les conditions de navigabilité*.

Dans le troisième cas, donnons par la pensée, au navire encastré dans la terre, un chargement de lingots d'or ou de platine. Ce ne sera plus 2.500 tonneaux, mais bien 50,000 tonneaux, et fort au-delà, que l'on pourra loger sous son pont.

Inutile d'ajouter qu'un navire de 1,000 tonneaux contenant un poids aussi monstrueux pour sa *capacité* ne pourrait bouger.

Ce n'est donc jamais le nombre de tonneaux que peut *contenir* un navire qui détermine sa *capacité*, mais bien le nombre de tonneaux qu'il est *capable de porter utilement*.

Tout ce que nous venons de dire démontre à l'évidence qu'un navire n'est pas un réceptacle propre à être bondé indifféremment de toute marchandise.

Un navire, et il ne faut jamais l'oublier, est un magasin naviguant, destiné à franchir les océans *dans les conditions voulues* pour lutter contre le vent et la mer.

Pour accomplir ses voyages et livrer à bon port les mar
chandises qui lui ont été confiées, un navire doit être toujours maintenu dans des conditions convenables d'immer-
sion. Si on le surcharge, il ne répond plus au gouvernail,
perd la légèreté nécessaire pour obéir au mouvement de la
vague. Avec un gros temps sa perte devient inévitable.

Cette condition élémentaire de bonne navigabilité ne peut
jamais être perdue de vue par les marins, et la *flottaison,
signe impératif* tracé à l'avant et à l'arrière de chaque na -
vire, n'est jamais oubliée (1).

La capacité réelle d'un navire est donc bien *le poids maximum qu'il peut porter, tout en restant dans des conditions de
bonne navigabilité.* Ce poids maximum est indiqué en nombre de *tonneaux de mer*, ainsi que nous allons le voir par le
tonnage brut ou *gross tonnage anglais ramené à la réalité.*

III

TONNEAU DE MER

Il est universellement admis que le *tonneau de mer* (2),
ou *tonneau* type, représente, sauf de légers écarts en plus
ou en moins, suivant les pays, *mille kilogrammes*, soit le
poids d'EAU contenu *à l'intérieur d'un mètre cube.*

---

(1) Sur nos bateaux de rivières destinés aux voyageurs, *la ligne
de flottaison* est peinte en blanc, à l'extérieur, tout le long de la
coque. Aussitôt qu'elle arrive au niveau de l'eau, la charge maximum permise est atteinte. Imposer au bateau un poids supérieur,
qui mettrait sous l'eau la ligne de flottaison, constitue une grave
contravention, la vie de tous les voyageurs pouvant dès lors être
facilement compromise.

(2) Trois personnes, MM. Ferdinand de Lesseps, S. W. Ruyssenaers, consul général des Pays-Bas en Égypte, et Chancel, officier

Prenons donc 1,000 kilogrammes d'un liquide commercial ; de l'huile, par exemple. Pour devenir transportable, cette huile devra être enfermée dans des récipients quelconques, fûts, dames-jeannes ou bouteilles. Sous ce nouvel aspect, en vertu de la moindre pesanteur de l'huile par rapport à l'eau, et à cause des formes variables des récipients, le tonneau d'huile (1,000 *kilogrammes brut*,) sera devenu *un volume* notablement supérieur à celui que représentaient les 1,000 *kilogrammes d'EAU à l'intérieur d'un mètre cube.*

Et si l'on recherche intentionnellement une marchandise très-légère, comme des chapeaux de soie à forme fixe, le *tonneau,* c'est-à-dire le poids de *mille kilogrammes brut* de chapeaux emballés, occupera un espace énorme.

De cette considération que la marchandise se présentait avec les densités les plus variables, allant du maximum au minimum de poids, sous un volume donné ; des nombreuses observations relevées, à dessein, pendant plusieurs années et sur un nombre considérable de navires, le législateur

---

de la marine française, ont concouru à rédiger l'acte de concession.

Malheureusement M. Chancel n'est plus, et son témoignage fait défaut.

M. Ferdinand de Lesseps a toujours déclaré qu'il avait entendu, par tonneau de capacité, le tonneau de mer de 1,000 kilogrammes, à l'exclusion de toutes autres qualifications de tonneaux qu'il connaissait toutes à merveille.

M. S. W. Ruyssenaers, que j'ai l'avantage de connaître depuis 27 ans et dont chacun proclame la parfaite loyauté, interrogé par moi, le 25 mai dernier, sur ce qu'il avait entendu par *tonneau de capacité*, lors de la rédaction de l'acte de concession, m'a répondu : « Par tonne de capacité, j'entendais alors ce que j'entends encore « aujourd'hui, ce que je connaissais très-bien par ma propre expé- « rience : *le tonneau de mer*, dont les multiples constituent, suivant « les navires, la charge que chacun d'eux *peut porter.* »

Les déclarations si concordantes de ces deux rédacteurs survivants de l'acte de concession devraient être de quelque poids dans la balance, même aux yeux des partisans du mètre cube.

fut conduit à établir une *corrélation moyenne* du poids au volume. De là, cette formule officielle, qui revient dans nos lois, décrets et ordonnances : *Le tonneau de mer type, au poids*, s'entend toujours du poids brut de 1,000 kilogrammes ; le *tonneau de mer type à l'encombrement*, s'entend de 1 mètre cube 44 c/c.

Ce dernier énoncé signifie que l'on accordait légalement, en moyenne, 1 m. c. 44 à un tonneau de 1,000 kilogrammes dans l'espace utilisable du navire, mais 1 m. c. 44 n'a jamais servi de base au *tonnage*.

Le tonnage d'un navire étant donc absolument limité au nombre de tonneaux de 1,000 kilog. l'un, qu'il peut porter en restant parfaitement *navigable*, il fallait trouver les moyens scientifiques de déterminer ce nombre avec exactitude. Les méthodes de jaugeage répondirent à cette nécessité. C'est le résultat de leur application qui fixe le chiffre du *Tonnage* précisément institué, à l'origine, en vue des droits imposés aux navires tant à l'étranger que dans le pays dont ils portent le pavillon, aussi bien dans les ports que dans les détroits. Telle est encore la règle aujourd'hui.

Il advint que les États-Unis d'Amérique, dans le but de favoriser leurs nationaux à l'étranger, diminuèrent sciem - ment et d'environ un tiers, pour chacun de leurs navires, le nombre de tonneaux qui auraient dû figurer aux papiers de bord. Ce malheureux exemple devait être forcément imité. Chaque gouvernement, par réciprocité, fut entraîné à le suivre, et les papiers officiels de bord accusèrent, à partir de cette époque, un chiffre de tonneaux inférieur à la réalité, dans une proportion moyenne de 30 p. 100.

Ils n'en faisaient pas moins foi et loi pour la perception *des droits de navigation*.

Les graves inconvénients qui se révélèrent bientôt à la suite de cette fraude intentionnelle, rapprochés des résultats défectueux que donnaient les méthodes de jauge, depuis les formes nouvelles des constructions maritimes, firent comprendre la nécessité d'adopter, avec une mesure type uniforme, une méthode d'application identique. Des négociations furent entamées à ce sujet. L'honneur de l'initiative revient à notre Compagnie. Malheureusement, ces négociations, arrêtées par les événements de 1870, n'aboutirent pas.

L'Angleterre, trop intéressée à toutes les questions maritimes pour attendre, avait marché la première dans la voie de réforme des systèmes de jauge. C'est elle qui possède aujourd'hui, et sans conteste possible, le mode de jaugeage le plus efficace. Le procédé qu'elle emploie étant le meilleur et le plus exact connu, les Danois, les Ottomans, et, en dernier lieu, les Autrichiens, l'ont successivement adopté. Selon toute probabilité, il sera bientôt admis par l'Europe entière (1).

Les papiers de bord des navires jaugés d'après la méthode anglaise portent seuls le tonnage brut, indication exacte de la capacité de chaque navire *en tonneaux de mer* à 30 p. 100 près. Nous avons vu quel est le motif de cette soustraction intentionnelle.

Le tonnage de tous les navires est instantanément ramené au tonnage anglais au moyen du barême établi par la Commission du Danube.

Ce sont les importantes considérations que nous venons de voir qui ont amené notre Conseil d'administration, à

---

(1) A propos de la méthode de jaugeage anglaise, *le Canal des Deux-Mers* a fait beaucoup de bruit d'un prétendu tonneau de 2 m. c. 83. Ce tonneau n'existe pas et n'a jamais existé. Le chiffre de 2 m. c. 83 apparaît dans les explications théoriques comme unité de vide, comme nombre, comme formule de calcul, jamais comme tonneau. Pas plus que le mètre cube il n'est une base de perception de droits de navigation.

la suite du rapport très-remarquable de M. Charles Lesseps et du rapport de la *Commission d'enquête*, à adopter le mode de mesurage anglais comme base de la perception du droit de navigation sur notre Canal, et cela avec d'autant plus d'à-propos, que les navires jaugés d'après le système anglais fournissent le 79 p. 100 de nos recettes.

Il paraît impossible de pouvoir l'en blâmer, à moins que ce ne soit de parti pris.

————

Résumons ce que nous venons d'établir, et la conclusion apparaîtra d'elle-même :

1° Un navire est destiné à naviguer ; il ne peut naviguer que s'il est en état de bonne navigabilité.

2° Un navire, pour rester dans les conditions indispensables à la bonne navigabilité, ne peut porter qu'*un nombre de tonneaux de mer déterminé.*

3° Le tonneau de mer est, chez toutes les nations maritimes, à de légères différences près, le poids de 1,000 kilogrammes.

4° La perception des droits imposés à un navire n'a jamais été basée que sur les tonneaux de mer et sur le nombre de ces tonneaux qu'il peut porter.

5° Le tonnage brut, jauge anglaise, indique le plus exactement possible, à 30 p. 100 près, la capacité réelle d'un navire.

6° Le tarif du 4 mars rétablit les 30 p. 100 de différence entre *le gross tonnage* anglais et le tonnage réel (1).

---

(1) La Compagnie accorde, suivant un usage constant, une déduction de 25 p. 100, au lieu de 30 p. 100 comme en Angleterre, de 40 p. 100 comme en France et de 50 p. 100 comme en Autri-

En présence d'un semblable état de choses, notre Compagnie peut-elle exiger le droit de navigation dans le canal sur un nombre de tonneaux de marchandises supérieur à *la capacité réelle?* Non, assurément non !

Affirmer le contraire, c'est aller contre la réalité, c'est attaquer tous les usages en vigueur dans la marine universelle ; prétendre imposer une mesure de volume qui n'a jamais été employée en pareil cas, c'est vouloir bénévolement susciter des plaintes, des mécontentements, des protestations unanimes ; c'est mettre en question l'avenir de notre Société, en attaquant une loi fondamentale.

M. le rédacteur en chef du journal *Le Canal des Deux-Mers* sait admirablement tout cela.

Comment expliquer alors qu'après avoir marché d'accord, jusqu'au 23 octobre 1871, avec les notoriétés scientifiques et les hommes les plus compétents qui se soient prononcés sur la matière, il trouvait convenance à changer d'avis le 4 janvier 1872?

V

RAPPORT DE M. CHARLES LESSEPS A LA COMMISSION
D'ENQUÊTE

Dans la conclusion de son très-remarquable *rapport à la commission d'enquête* (page 26, édition du *Canal des Deux-*

---

che, pour l'emplacement occupé par la machine, les soutes à charbon, les vivres, etc., dont tout navire doit forcément subir le poids, comme il subit celui de sa propre coque, de ses mâts, de ses ancres et agrès divers. Imposer ces instruments indispensables de la navigation serait la même chose que faire payer comme passagers les hommes de l'équipage, les officiers et le capitaine. Personne, même au *Canal des Deux-Mers,* ne s'est encore avisé d'élever cette réclamation.

Mers), M. Charles Lesseps donne son opinion ainsi qu'il suit :
« La perception en raison de la capacité réelle du navire
« est la seule conforme à la loi constitutive de la Compagnie. »

C'est *la capacité réelle* qui est la base même du tarif du
4 mars :

« La perception, par le tonnage net (continue M. Charles
« Lesseps), fait perdre, dès à présent, à la Compagnie au
« moins 50 p. 100 des recettes réalisées, et cette perte
« menace de s'aggraver encore dans des proportions
« fâcheuses. »

Le tarif du 4 mars augmente précisément de 50 p. 100, et
chacun est à même de le constater, les recettes que la Compagnie réalisait avant le 1er juillet.

« Parmi les quatre systèmes de perception proposés,
« deux nous paraissent (dit M. Charles Lesseps), avoir droit
« à l'attention toute spéciale de la commission. »

Quel est de ces deux systèmes celui que l'auteur du rap
port met en première ligne, sans doute parce qu'il a obtenu
ses préférences ? Le voici :

« Celui qui admettrait le péage de 10 francs sur le ton-
« nage brut *au minimum*, avec préférence facultative de la
« Compagnie pour le prélèvement de 10 francs sur le ton-
« nage réel. »

C'est précisément le tonnage réel, soit le tonnage brut
augmenté de 30 p. 100 qui détermine la perception du droit
de navigation.

Il semblerait que M. Charles Lesseps n'eût plus rien à
désirer. Bien au contraire !

VI

CANAL DES DEUX-MERS.

Sans attendre la décision du Conseil, et dès le 4 janvier
1872, au lendemain de sa sortie de la Compagnie, M. le ré-

dacteur en chef du *Canal des Deux-Mers* ne veut plus du tonneau officiel qui fait loi, du tonneau type, poïds *d'un mètre cube d'*EAU ou 1,000 kilogrammes ; non, il lui faut un tonneau de mer nouveau, le vide du mètre cube, le mètre cube volume, espace qui n'est usité entre armateurs et chargeurs qu'à des conditions débattues, constamment variables, et pour certaines catégories de marchandises.

Or, la proportion des vides devenant de 1 à 3 environ, il s'ensuivrait qu'un navire ayant à passer par le canal sous la loi du mètre cube, telle que l'établit le *Canal des Deux-Mers* (janvier et février 1872), devrait payer de 36 à 38 fr. au lieu de 10 pour chaque *tonneau* contenu dans ses flancs.

Certes, s'il suffisait de tripler un droit afin qu'il rapportât trois fois plus, chacun de nous y souscrirait ; mais l'expérience enseigne précisément le contraire.

VII

CE QUE NOUS AVONS ENCORE A ATTENDRE DE LA SEULE MARINE ANGLAISE.

Jusqu'à présent, et même sous l'application du tarif au *tonnage net,* nous n'avons pas vu les flottes commerciales se précipiter vers notre canal, ni les navires obligés d'attendre leur tour avant de pouvoir y pénétrer.

A la date du 2 avril dernier, d'après la liste hebdomadaire publiée à Londres par J. Henry Robert, sur les documents officiels du Lloyd, liste qui est le *vade mecum* des armateurs et des négociants trafiquant avec les Indes et la Chine, il y avait 321 navires anglais, partis des ports que le canal de Suez a tant rapprochés de nous, à destination de l'Angleterre et du continent européen. Sur ces 321 navires, 291 étaient des voiliers, et 30 des steamers. 29 steamers seulement devaient passer par notre canal, le trentième suivait encore la route du Cap comme les voiliers.

Le tonnage de ces bâtiments n'est pas indiqué sur la liste, mais la composition des chargements révèle en général de forts navires. Le port de certains voiliers atteint même de superbes proportions. C'est ainsi qu'en outre de quelques marchandises diverses et pesantes destinées à faire le lit de la cargaison spéciale en même temps que le lest de fond, le *Sir W. Scott* contient 8,095 balles de coton, le *Victoria Cross*, 8,784, et le *Royal Sovereign*, 8,875.

Il y a une morale instructive à tirer de la nomenclature qui précède.

Nous y voyons d'abord la proportion énorme de marchandises qui échappe encore à notre canal avec les seuls navires sous pavillon britannique. En second lieu, il est certain qu'à la date et dans les ports lointains où l'on chargeait ces 321 navires connus à Londres, dès le 2 avril, comme en cours de voyage, la décision du 4 mars était inconnue. Dans son choix entre les voiliers et les steamers, le commerce n'avait donc encore raisonné et calculé que d'après le *tarif au tonnage net*, inférieur de 40 à 50 p. 100 au tarif actuel. Et cependant 291 voiliers et 1 steamer trouvaient convenance à suivre l'ancienne route du Cap.

Nous devons logiquement supposer qu'à la même date du 2 avril, il y avait en mer, partis de l'Angleterre pour les Indes, la Chine, etc., un nombre égal de navires, avec le même écart entre voiliers et steamers, soit en tout 582 navires.

Était-ce *uniquement* faute de navires à vapeur? Ce n'est pas admissible.

Un avenir prochain, du reste, va nous apprendre si le droit de navigation pour la traversée du canal est aussi insignifiant qu'on l'a répété, et si ce n'est pas le consommateur, ainsi qu'il arrive toujours en définitive, comme le savent très-bien les jeunes gens de nos écoles de commerce, qui bénéficie autant et plus que le commerçant de l'abaissement des nolis.

Et je ne parle que de la marine anglaise, qui, en outre des produits de l'industrie nationale, est certaine de trouver dans le charbon une cargaison de sortie.

Que dire des navires italiens et russes, par exemple, qui n'ont pas de frêt au départ, ou peu s'en faut, et pour qui le droit de navigation dans le canal, aller et retour, pèsera sur le produit du seul chargement de retour?

VIII

MÈTRE CUBE

Il est vrai que le rédacteur en chef du *Canal des Deux-Mers* a trouvé un remède souverain : *s'entendre avec le commerce.*

Est-ce au moins la dernière métamorphose du *mètre cube*? Nous est-il donné de contempler le papillon? Ne serait-ce encore que la chrysalide?

Du 1er janvier à la fin de février (*Canal des Deux-Mers*), le *mètre cube* était sans pitié. Il lui fallait la capacité totale dans le sens de vide total, que le navire fût chargé, chargé en partie, ou sur lest; il n'admettait aucune déduction pour la machine, pour les soutes, pour les vivres, enfin pour toute la partie inaccessible à la marchandise.

La *Proposition à soumettre à l'assemblée* apparaît le 29 février (p. 144) ; elle édicte ses commandements. Il n'y a pas à réclamer.

Plus tard, et à diverses reprises, le *Canal des Deux-Mers* s'avise qu'il n'y a pas obligation de percevoir le maximum de 10 francs par mètre cube, mais il donne à entendre qu'il fixera le chiffre à sa convenance et que notre Société l'imposera au commerce. Elle est maîtresse chez elle. C'est elle qui fait la loi.

Enfin, le 28 juin (page 461, *Canal des Deux-Mers*), le ballon crève.

« Nous demandons l'application du mètre cube, la capa-
« cité totale du navire comme principe de perception, et
« NOUS PROPOSONS DE NOUS ENTENDRE AVEC LE COM-
« MERCE sur l'abaissement du prix de 10 francs, dans la
« mesure de tous les besoins et de la conciliation de tous
« les intérêts. »

L'application du *mètre cube* n'était donc pas chose si facile. Eh ! quoi, pour la mettre en pratique, il faut *s'entendre avec le commerce* ?

Mais, sérieusement, quel moyen peut-on concevoir de *s'entendre* avec le commerce du monde entier, ce corps, cette puissance aussi étendue qu'insaisissable, et que le Rédacteur en chef du *Canal des Deux-Mers* a d'ailleurs, jusqu'ici, très-lestement traitée du haut de son *mètre cube*?

Et puis, le mot est malheureux: *s'entendre* avec le commerce ! Involontairement, on redresse la tête et on prête l'oreille. Dès le 30 juin, M. l'ingénieur Bouniceau, à propos de cet article mémorable, écrivait d'Angoulême, à M. le Rédacteur en chef du *Canal des Deux-Mers*, la lettre suivante, qu'il n'a pas reproduite, et dont nous avons déjà publié les dernières lignes.

« Monsieur, j'espérais que vous publieriez ma dernière
« lettre, ainsi que j'ai eu l'honneur de vous le demander.
« Vous ne l'avez pas fait, et vous dites, dans votre rédac-
« tion du dernier numéro du *Canal des Deux-Mers*, que,
« pour éviter les trop grandes charges à advenir pour le
« commerce, vous feriez des concessions. Cela veut dire
« qu'un navire qui aurait 283 mètres cubes de contenance
« totale ne payerait pas pour cela 2.830 francs, mais une

« somme inférieure qui serait débattue. Vous savez,
« Monsieur, combien les traités ou marchés particuliers
« donnent lieu à des commentaires. Ils seraient sans fonde-
« ment, j'en suis persuadé ; ils constitueraient, en tout
« cas, une irrégularité que je répudie, pour ma part, de
« toutes mes forces. J'aime mieux un tarif général raison-
« nable et hautement établi. Celui qui augmente les recettes
« de 50 p. 100 est-il suffisant ? est-il le dernier mot ? Il est, en
« tout cas, assez élevé pour un début, et je suis persuadé,
« je le répète, qu'en demandant plus aujourd'hui, on nuit
« aux intérêts des actionnaires et délégataires.......... »

L'entente avec le commerce n'est pas la seule idée qui nous
vienne du *Canal des Deux-Mers*.

Le 10 mars 1872, M. Paul Breton (Réponse à la note
autographiée datée du 5 mars 1872, signée par seize actionnaires de Suez), après avoir parlé de l'intérêt de la Compagnie, *seul intérêt à consulter*, de *concessions temporaires de
prix*, etc., conclut à des expériences de tarifs renouvelables
tous les trois mois s'il le faut. « Cette voie, *la seule juste et
« légale*, dit-il en terminant, sauvegarde tous les *intérêts,
« ceux de la Compagnie comme ceux du commerce des nations.* »

Il y a donc à côté de l'intérêt de la Compagnie, *seul intérêt à consulter*, un autre petit intérêt digne de quelque
égard, l'intérêt du commerce des NATIONS. Au commerce
des NATIONS, on donnera pour sauvegarde des *tarifs trimestriels.*

A la date du 22 février (*La vérité sur la question du tonnage*, par M. Morellet, *Canal des Deux-Mers*, p. 134 et 135),
on lit, en toutes lettres, un moyen nouveau pour mesurer
au mètre cube la capacité des navires pleins de marchandises, quand ils se présenteront pour franchir le canal.

« Les armateurs, prévenus de cette équitable exigence,
« auraient probablement le soin, pour qu'on pût prendre
« les mesures, sans décharger, de ménager dans le milieu

« un petit couloir, où ne seraient entreposées que des mar-
« chandises faciles à déplacer et à replacer.

« D'ailleurs, » croit devoir ajouter M. Morellet, « cette
« mensuration n'aurait lieu qu'une seule fois pour chaque
« bâtiment. »

Entente avec le commerce, tarifs trimestriels, petit couloir,
ne sont même pas des idées, ce sont des expédients fan-
taisistes et de tous points contraires à la pratique des grandes affaires commerciales et maritimes.

Qu'un actionnaire se trompe, que beaucoup d'actionnaires se trompent, il n'y a pas là matière à s'étonner. Dans
leur inquiétude, les actionnaires cherchent, imaginent, et,
s'ils restent à côté de la vérité, leur opinion, donnée en
toute indépendance et sans parti pris, n'en est pas moins
respectable. Si MM. Breton et Morellet n'étaient qu'actionnaires, nous ne nous serions pas cru en droit de parler de
leurs propositions; mais ils sont aussi administrateurs,
comme M. Charles Lesseps est rédacteur en chef d'un journal consacré à *défendre*, disent les uns, à *attaquer*, répon-
dent les autres, l'intérêt général de la Compagnie. C'est à
ces titres que nous avons le droit de juger leurs idées,
leur langage et la portée de leurs connaissances adminis-
tratives.

Que personne ne s'y méprenne; nous n'avons pas parlé
du *petit couloir* pour en rire, ni surtout pour donner à rire.
Nous ne trouvons absolument rien de risible dans le débat
qui est ouvert. Mais nous ne pouvons pas désigner
l'idée autrement. Cette naïve supposition révèle chez
son auteur l'absence de toute idée des affaires maritimes ;
et ce n'est pas précisément une qualité chez un adminis-
trateur de notre Compagnie.

IX

POSITION RÉCIPROQUE DES ACTIONNAIRES DE LA COMPAGNIE DE SUEZ.

Quoi qu'on puisse faire ou dire, il n'en subsiste pas moins, à l'heure présente, où tout devrait conseiller l'apaisement, un fait des plus regrettables : la division entre actionnaires.

Quelle peut être l'importance respective de l'un et de l'autre camp ? Il n'est pas encore possible de le dire; nous le saurons bientôt, et la formation d'une grande majorité n'est peut-être pas aussi éloignée qu'on pourrait le croire : car enfin, le but à atteindre est le même pour tous; les intérêts de tous les actionnaires, qui n'agissent que comme actionnaires, sont identiques. L'un des deux partis doit avoir plus raison ou moins tort, si l'on veut, que l'autre. Celui des deux qui a le moins tort, doit finir par rallier la majorité de ses coassociés.

Pour les membres de l'*Union des actionnaires de Suez*, il est un point qui fait leur force, en même temps qu'il donne la meilleure preuve, la seule indiscutable de leurs convictions raisonnées. Leurs coactionnaires en divergence d'opinion avec eux n'ont rien à y répondre; le voici :

L'*Union des Actionnaires de Suez* compte de très-nombreux adhérents. Chaque jour apporte un nouveau contingent. Beaucoup de ces adhérents avaient signé, naguère encore, la protestation Breton-Morellet; il le déclarent sans détours. Pendant que leurs rangs augmentent de tous ceux qui abandonnent le *Canal des Deux-Mers* et ses 1,800 *actionnaires* (?); on ne peut citer aucune défection parmi les adhérents de l'*Union*. Ils comptent déjà 87,000 titres, dont 33,500 actions et 17,500 délégations.

Eh bien, tous, petits porteurs de titres et intéressés importants, tous disent et écrivent à l'envi : Nous sommes privés, depuis plus de deux ans, des intérêts de l'argent que nous avons engagé dans l'entreprise ; nous en avons souffert et nous en souffrons. Cependant, nous ne voulons ni du *mètre cube*, ni des promesses séduisantes du *Canal des Deux-Mers*. Nous ne croyons pas aux unes, et nous redoutons les dangers sérieux que l'autre nous vaudrait infailliblement. Pourquoi refuserions-nous, si nous leur trouvions une valeur, ces promesses sonores qui, d'emblée, s'adressent à nos besoins et à nos privations ? Nous n'avons pas tous perdu jusqu'à la notion de nos intérêts.

A ce qui précède, il n'y a rien à répondre.

Un coactionnaire m'a écrit : « Je suis persuadé que vous « seriez de mon avis, si vous n'aviez pour vivre que vos « titres ne vous rapportant rien. »

Je regrette de différer d'opinion avec lui, encore sur ce point. Il m'est impossible de comprendre qu'une souffrance, quelque imméritée et regrettable qu'elle puisse être, soit une garantie du jugement le plus équitable et le plus vrai de la situation qui cause cette souffrance. On peut même dire, je crois, en thèse générale, que la position contraire rend plus probable l'impartialité dans l'appréciation.

J'ai cru de mon droit, j'ai estimé de mon devoir de faire appel à mes coactionnaires, en présence de circonstances devenues graves au point de compromettre l'avenir de notre Société. Je l'ai fait en actionnaire réel, très-sérieux et fort indépendant, quoi qu'on ait pu dire ou penser. J'ai usé du droit qui appartient à tous les actionnaires de Suez, dans les limites des convenances que les co-intéressés, libres de visées particulières, se doivent entre eux, quelles que soient d'ailleurs les divergences d'opinion qui les séparent.

Personne ne pourra me refuser cette justice, que j'ai combattu à armes courtoises, m'attachant aux faits et aux idées qui seuls nous intéressent, et m'abstenant de toute personnalité même envers le représentant le plus officiel des théories et des opinions que je repousse parce que je les trouve funestes. J'étais pourtant en droit de représailles faciles. Je n'ai rien perdu à m'abstenir.

L'UNION DES ACTIONNAIRES est formée. Je ne suis que l'un de ses membres. J'en sortirai, comme aussi du théâtre de la polémique, le jour, prochain j'espère, où notre Société aura retrouvé, avec le calme, la prospérité que lui garantit son développement normal.

Dans mon intime conviction, si nous ne détruisons pas notre bien de nos propres mains, et si nous ne suscitons pas des adversaires redoutables, l'ère inaugurée le 1er juillet nous apportera bientôt ce que nous sommes en droit d'attendre.

Paris. 23 juillet 1872.

E. DAUPRAT.

Paris. — Typographie A. Pougin, 13, quai Voltaire. — (3661.

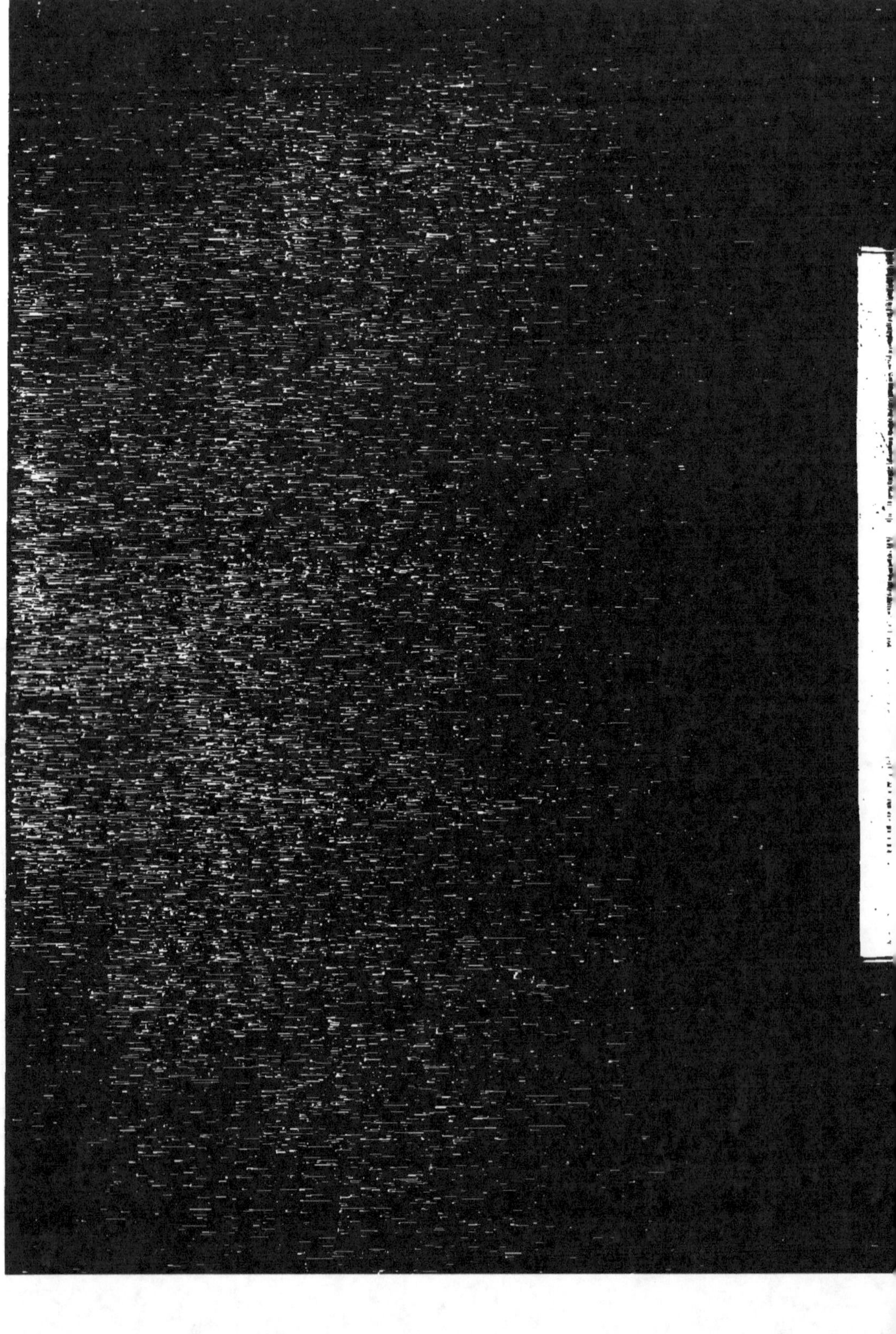

www.ingramcontent.com/pod-product-compliance
Lightning Source LLC
LaVergne TN
LVHW050325030726
842520LV00005B/1768